BEI GRIN MACHT SICH IHR WISSEN BEZAHLT

- Wir veröffentlichen Ihre Hausarbeit,
  Bachelor- und Masterarbeit

- Ihr eigenes eBook und Buch -
  weltweit in allen wichtigen Shops

- Verdienen Sie an jedem Verkauf

Jetzt bei www.GRIN.com hochladen und kostenlos publizieren

Bibliografische Information der Deutschen Nationalbibliothek:

Die Deutsche Bibliothek verzeichnet diese Publikation in der Deutschen National-bibliografie; detaillierte bibliografische Daten sind im Internet über http://dnb.d-nb.de/ abrufbar.

Impressum:

Copyright © 2016 GRIN Verlag, Open Publishing GmbH
Druck und Bindung: Books on Demand GmbH, Norderstedt Germany
ISBN: 9783668288157

Dieses Buch bei GRIN:

http://www.grin.com/de/e-book/337262/die-technologie-und-anwendung-des-rfid-systems-vor-und-nachteile-fuer

Hans Burg

Die Technologie und Anwendung des RFID-Systems. Vor- und Nachteile für die IT-Infrastruktur in Unternehmen

GRIN Verlag

GRIN - Your knowledge has value

Der GRIN Verlag publiziert seit 1998 wissenschaftliche Arbeiten von Studenten, Hochschullehrern und anderen Akademikern als eBook und gedrucktes Buch. Die Verlagswebsite www.grin.com ist die ideale Plattform zur Veröffentlichung von Hausarbeiten, Abschlussarbeiten, wissenschaftlichen Aufsätzen, Dissertationen und Fachbüchern.

Besuchen Sie uns im Internet:

http://www.grin.com/

http://www.facebook.com/grincom

http://www.twitter.com/grin_com

RFID –
Technologie und Anwendung

Seminararbeit

an der

FOM Hochschule für Oekonomie
& Management gemeinnützige Gesellschaft mbH
IT-Management / Wirtschaftsinformatik
Seminarfach: IT-Infrastruktur

eingereicht von
Hans Burg

eingereicht am: 25.06.2016

Inhaltsverzeichnis

Abbildungsverzeichnis

Abkürzungsverzeichnis

Abs.	Absatz
BMWI	Bundesministerium für Wirtschaft und Technologie
CRM	Customer Relationship Management
DFÜ	Datenfernübertragung
DSLV	Deutscher Speditions- und Logistikverband e.V.
EAN	European Article Number
EDV	Elektronische Datenverarbeitung
EEPROM	electrically erasable programmable read only memory
EPC	Eletronic Product Code
ERP	Enterprise Resource Planning
ESB	Enterprise Service Bus
EU	Europäische Union
GHz	Gigahertz
GPS	Global Positioning System
ISBN	International Standard Book Number
ISM	Industrial, Scientific and Medical Band
ISO	International Organization for Standardization
ISSN	International Standard Serial Number
IT	Informationstechnik
kHz	Kilohertz
MHz	Megahertz
NFC	Near Field Communication
NVE	Nummer der Versandeinheit
RFID	Radio Frequency Identification
SOA	Serviceorientierte Architektur
SRAM	Static random-access memory
UPC	Universal Product Code
WLAN	Wireless Local Area Network

1   Einleitung

1.1   Ausgangssituation und Problemstellung

Der Begriff RFID (Radio Frequency Identification) bezeichnet eine moderne Form der eindeutigen Kennzeichnung von Waren und automatische kontaktlose Identifizierung von Objekten jeder Art, die dadurch ermöglicht wird.

Durch die Anwendung von RFID in verschiedenen Bereichen ergeben sich aber auch verschiedene Probleme oder Fragen, wie die Sicherstellung des Datenschutzes, sei es durch gesetzliche Bestimmungen oder auch zur Wahrung der eigenen Interessen, wie z.B. die Sicherstellung des Betriebsgeheimnisses oder die Abwehr von Wirtschaftsspionage. Ebenfalls werden weitere gesetzliche Bestimmungen, die sich aus der Verwendung der RFID-Technologie ergeben, betrachtet. In dieser Arbeit werden dabei die physikalischen Grundlagen der elektromagnetischen Wellen, die die RFID-Technologie benutzt, nicht betrachtet, nur kurz wird auf eine mögliche Verschlüsselung eingegangen. Diese sind für ein Verständnis der Technik sowie für eine Betrachtung im IT-Infrastruktur Sinne nicht notwendig.

1.2   Ziel der Arbeit

RFID bringt einige neue Aspekte in das Unternehmen, wobei das Hauptaugenmerk aktuell meistens im Bereich der Logistik gesehen wird. Diese Seminararbeit soll das Themenfeld breiter beleuchten und diese Beleuchtung im Bereich der IT-Infrastruktur widerspiegeln.

1.3   Aufbau und Methodik der Arbeit

Um die gestellten Fragen verständlich beantworten zu können, wurden Kapitel und Abschnitte dieser Arbeit klar strukturiert, um die gegebene Komplexität umfangreich zu erfassen und andererseits einzelne Aspekte nachvollziehbar zu beschreiben. Die Inhalte wurden sinnvoll gegliedert und die fokussierten Zusammenhänge anhand eines logischen Aufbaus der Kapitel ausgearbeitet. Dabei wurde bewusst eine kritische Sichtweise gewählt, die die Balance zwischen Chancen und Risiken berücksichtigt.

Das Thema RFID wird übersichtlich erfasst, d.h. es soll eine Gesamtübersicht zum Thema RFID insgesamt aber auch im Hinblick auf die IT-Infrastruktur erstellt werden.

Dieser Ansatz erfordert, dass die Kapitel nacheinander gelesen werden, weil der gedankliche Aufbau sonst nicht deutlich wird. In den Kapiteln selbst sind immer wieder Querverweise enthalten, die die inneren Zusammenhänge der Gesamtthematik widerspiegeln. Dabei werden in den vorderen Kapiteln Grundlagen erläutert und in erster Linie auf spätere Kapitel verwiesen, in denen Zusammenhänge vertieft werden, während in den späteren Kapiteln dann auf die zuvor geschaffenen Grundlagen zurückgegriffen wird.

Hierzu wurde bewusst wissenschaftliche Literatur verwendet. Es wurde jedoch auch auf Fachartikel aus dem Internet zurückgegriffen, welche die aktuellen Entwicklungen rund um das Themengebiet RFID erläutern, zusätzlich wird noch auf die Thematik „RFID in der IT-Infrastruktur" eingegangen.

2   Technik und Funktionsweise

2.1   Komponenten eines RFID-System

Die drahtlose Übertragung von Information, Grundlage für RFID, wurde von Heinrich Hertz erfunden. 1886 entdeckte Heinrich Hertz die Möglichkeit, elektromagnetische Wellen zu übertragen, damit wurde der Grundstein für die Funktechnologie gelegt (vgl. Fölsing, 1997, S. 275-279). Grundsätzlich besteht ein RFID System aus einem Transponder und einem Lesegerät (inkl. Rechnergestützter Datenbank), kommt der Transponder in den Empfangsbereich des Lesegeräts, so wird eine wechselseitige Kommunikation ausgelöst – siehe Abbildung 1 (vgl. Finkenzeller, 2015, S. 11)

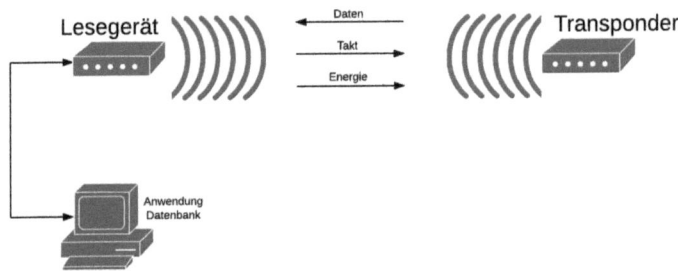

Abbildung 1: Bestandteile eines RFID-Systems
(eigene Darstellung, erstellt mit www.lucidchart.com)

Woher stammt das Wort „Transponder" – es setzt sich aus zwei Bestandteilen „transmit" und „response" zusammen. Dieses Kunstwort beschreibt die Fähigkeit des Transponders, Daten zu übertragen als auch zu antworten. Transponder gibt es als passiven- und aktiven-Transponder. Die genauen Unterschiede dieser beiden Typen werden im nächsten Artikel beschrieben (vgl. Wolff & Schätzel, 2010, S. 5).

Transponder können eine Chipkarte, Ticket für den öffentlichen Nahverkehr, Kreditkarte mit interaktivem Interface oder andere Medien sein, die im Bereich Waren- und Güterlogistik eingesetzt werden (vgl. Finkenzeller, 2015, S. 9).

Alle Transponder bestehen aus einem Mikrochip (Speicher, ca. 100kByte) und einer Antenne. Über die Antenne werden Informationen des Objektes (z.B. im Speicher abgelegte eindeutige Identifikationsnummer) übermittelt (vgl. Wolff & Schätzel, 2010, S. 5).

Es wird zwischen aktiven – und passiven Transpondern unterschieden. Die aktiven Transponder haben eine eigene Stromversorgung und die passiven Transponder bekommen die Energie vom Lesegerät (elektromagnetisches Feld, siehe Abbildung 1 Seite 3). Gewichtseinsparung, geringere Kosten und längere Lebensdauer sind Vorteile des passiven Transponders (vgl. Wolff & Schätzel, 2010, S. 5).

Abbildung 2: RFID-Transponder
(de.wikipedia.org/wiki/Datei:Transponder2.jpg, Urheber: Kalinko)

In Abbildung 2 ist ein Transponder abgebildet - mit Chip (Speicher) und Antenne. Die Bauformen können sich erheblich in Größe und Form unterscheiden, wie z.B. Armbanduhr, Schlüssel, Schlüsselanhänger, Plastik- und Glasgehäuse, Disks, Münzen und viele weitere. (vgl. Finkenzeller, 2015, S. 16 -24).

Ein Lesegerät wird meist als schnurloses Gerät (Verbindung zur IT-Infrastruktur via WLAN) genutzt, damit die RFID-Daten und/oder Barcodes, im Lager oder anderen Bereichen des Unternehmens, einfach und schnell erfasst werden können (vgl. Wikipedia, kein Datum).

2.2   Funktionsweise

2.2.1   Passive Transponder

Ein passiver Transponder hat keine eigene Energiequelle, wie z.B. Batterie. Die benötigte Energie wird dabei durch das Lesegerät zur Verfügung gestellt. Zum Betrieb des Transponders notwendige Energie wird durch die Antenne dem magnetischen oder elektromagnetischen Feld des Lesegerätes entnommen. Lesegerät und Transponder können mit diesem Feld, neben der Energie, Daten übertragen – dies geschieht durch Lastmodulation oder modulierte Rückstreuung (vgl. Finkenzeller, 2015, S. 25).

2.2.2   Aktive Transponder

Im Unterschied zum passiven Transponder, besitzt der aktive Transponder eine eigene Stromversorgung (Batterie), diese versorgt den Chip mit der notwendigen Energie. Die Datenübertragung funktioniert, wie beim passiven Transponder, indem das elektromagnetische Feld des Lesegerätes beeinflusst wird, d.h. der aktive Transponder sendet die Daten nicht zum Lesegerät. Ein wesentlicher Vorteil ist die Reichweite. Da keine Energie vom Lesegerät übertragen wird, kann der Transponder weiter entfernt gelesen werden (vgl. Finkenzeller, 2015, S. 26).

2.2.3   Frequenzbereiche und Reichweiten

Das RFID-System (Lesegerät) strahlt elektromagnetische Wellen ab und ist daher, aus rechtlicher Sicht, als Funkanlage zu betrachten. Durch den Betrieb darf ein anderes System nicht beeinträchtigt oder gestört werden. Gerade bei öffentlichen und sicherheitsrelevanten Systemen und deren Frequenzen muss hierbei Rücksicht genommen werden (z.B. Radio- und Fernsehausstrahlung, Mobiltelefone und Polizeifunk). Aus diesem Grunde wurde am Anfang das international verfügbare ISM Band (Industrial, Scientific and Medical Band, unter 135kHz) für RFID-Systeme genutzt. Für das ISM Band ist keine besondere Genehmigung erforderlich. Heute werden 2 ISM Frequenzen (13,56 MHz und 2,45 GHz) weltweit von RFID-Systemen genutzt. (vgl. Finkenzeller, 2015, S. 187-195).

Je höher die Betriebsfrequenz, desto höher die Reichweite, z.B. 135kHz unter 1 Meter, bei 13,56MHz auf etwa 2 Meter und bei 2,45 GHz auf bis zu 15 Meter. Diese Angaben beziehen sich auf passive Transponder, bei aktiven Transpondern kann die Reichweite 100 Meter und mehr betragen – abhängig von Betriebsfrequenz und Leistungsstärke des RFID Lesegerätes (vgl. Rhensius & Deindl, 2010, S. 90).

2.2.4 Pulkerfassung und Antikollision

Mit dem Begriff Pulkerfassung bezeichnet man die Möglichkeit, mehrere Transponder (Aktiv- und/oder Passivtransponder), die sich im Empfangsbereich des Lesegerätes befinden, gleichzeitig auszulesen. Ein Sichtkontakt ist dabei nicht notwendig, somit müssen keine Kartons geöffnet oder Produkte herausgenommen werden. Dieses Verfahren beschleunigt die Erfassung von vielen Hunderten oder Tausenden RFID's in kurzer Zeit (vgl. Rhensius & Deindl, 2010, S. 32-33).

In der Praxis werden 2 Antikollisionsverfahren eingesetzt, zum einen das Aloha-Verfahren und zum anderen das Tree-Walking-Verfahren (vgl. BSI, 2005, S. 31).

Beim Aloha-Verfahren wird eine probabilistische Abfrage aller im Lesebereich befindlichen Tags durchgeführt. Alle Tags antworten, mit ihrer vollen ID-Nummer, auf die immer gleichlautenden Request-Kommandos des Lesegerätes. Jeder Tag reagiert darauf mit einer einzigartigen, individuellen und zufälligen Zeitverzögerung. Dadurch, dass die Datenübertragung für die Inhalte der Tags kurz ist - im Vergleich zur Dauer des Request-Intervalls - kommt es zu wenigen Kollisionen und durch mehrfaches Durchlaufen des Request-Zyklus werden alle Tags eingelesen (vgl. Vogt, Harald, 2002, S. 98-113).

Im Tree-Walk-Verfahren wird, im Gegensatz zum Aloha-Verfahren, die Selektion der Tags durch das Lesegerät aktiv gesteuert. Mithilfe einer deterministischen Suche wird der Adressraum der möglichen Identifikationsnummern ausgelesen. Jetzt wird nicht die gesamt ID gelesen, sondern nur beginnend von der höchsten Stelle der ID-Nummer, d.h. es wird zuerst der Hersteller aller Tags ausgelesen. Im nächsten Schritt wird die Abfrage erweitert, indem das Lesegerät an der Stelle i eine Verzweigung des binären Adressbaumes auswählt und diese zunächst weiterverfolgt. Jetzt werden alle Tags ausgelesen, deren ID mit dem bisher bekannten Präfix und dem gewählten Wert an der Stelle i übereinstimmen (siehe Abbildung 3, Seite 7). Diese Tags antworten nun mit dem Rest der ihrer ID (vgl. BSI, 2005, S. 32).

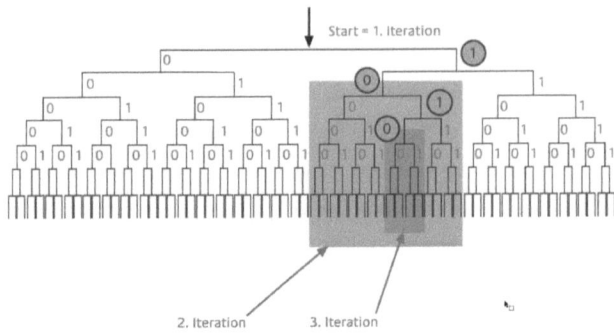

Abbildung 3: Binärer Suchbaum.
http://nfc-tools.org/images/thumb/2/25/Binairy-tree-search-uid.png/800px-Binairy-tree-search-uid.png

Nachfolgend werden die restlichen Tags ab der Stelle i der ersten Verzweigung im Binärbaum nach dem gleichen Muster selektiert, bis schließlich alle, im Lesebereich vorhandenen, Tags mit ihrer ID-Nummer eindeutig angesprochen worden sind. Mit diesem Verfahren lässt sich eine sehr große Anzahl an Tags im Lesebereich einzeln ansprechen (vgl. Wohlers & Breitner, 2008, S. 23) (vgl. Finkenzeller, 2015, S. 312).

2.3 Herstellung

2.3.1 Herstellungsverfahren

Das Herstellungsverfahren beginnt mit der Produktion der Mikrochips. Diese werden aus Siliziumscheiben hergestellt. Nach dem Funktionstest werden die fehlerhaften Chips, welche nicht reagieren, mit einem roten Punkt markiert, damit diese automatisiert aussortiert werden können. Zu diesem Zeitpunkt kann im Chip eine gewünschte Seriennummer einprogrammiert werden (vgl. Finkenzeller, 2015, S. 573-581).

Eine Wickelmaschine stellt die Transponderspule her, die Kupferdrähte werden mit Lack miteinander verklebt. Mit einem Punktschweißgerät werden die Anschlüsse der Transponderspule mit dem Chip angeschweißt (vgl. Finkenzeller, 2015, S. 582-587).

2.3.2 Wiederverwendbarkeit eines Transponders

Es gibt einmalig zu nutzende Transponder, diese werden dort eingesetzt, wo eine einmalige Nutzung wirtschaftlich und prozessbedingt sinnvoll ist. Bei mehrfach beschreibbaren Transpondern werden EEPROMS eingesetzt, diese Chips behalten ihre Daten auch ohne Energie. Mit großem Energieaufwand lassen sie die EEPROMS neu beschreiben und können somit ein weiteres Mal verwendet werden. Diese Chips können bis zu 100.000-mal beschrieben werden. Zum anderen werden bei den aktiven Transpondern SRAM-Chips eingesetzt, diese können unbegrenzt beschrieben werden, allerdings, wenn die Batterie keine Energie mehr hat, sind die Daten verloren (vgl. Kummer, Einbock, & Westerheide, 2005, S. 21).

2.3.3 Eindeutige Identifikation

Es gibt 2 Möglichkeiten, eindeutige Seriennummern für die eindeutige Identifikation zu benutzen:

-   Alle Informationen werden auf dem Transponder gespeichert.
-   Nur eine Seriennummer wird auf dem Transponder gespeichert, alle weiteren Informationen werden aus einer Datenbank ergänzt.

Damit die Identifikation eindeutig ist, wurde 2003 der EPC (electronic product code, analog zum EAN-13, siehe Abbildung 4 und Kapitel 3.2) geschaffen, mit dem Ziel, durch einheitliche und offene Standards und Protokolle einen weltweit einmaligen Code zu generieren (Engelhardt-Nowitzki, 2006, S. 97-98).

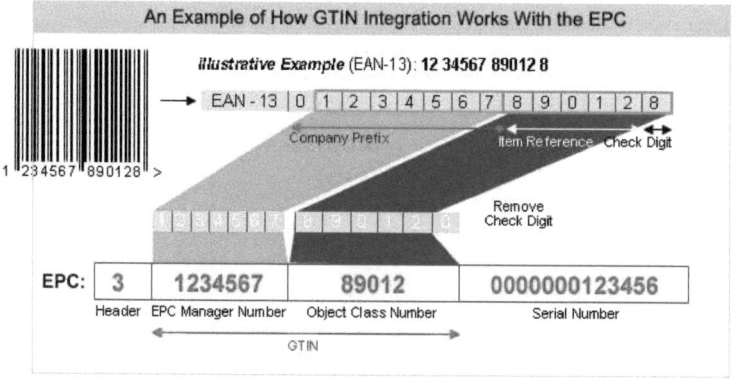

Abbildung 4: EPC am Beispiel eines EAN-13 Codes
http://globalscorecard.gs1.org/gsclive/images/guide/E01CIS04.gif

3   Vergleich Barcode und RFID

3.1   Geschichte des Barcodes

Im Jahr 1948 begann die Geschichte des Barcodes. Ein Supermarktbetreiber war auf der Suche nach einem System zur automatischen Abfrage von Produktdaten. Norman Joseph Woodland und Berndard Siver erfuhren davon und entwickelten einen Strichcode (Patent im Jahr 1952). Nach Weiterentwicklungen wurde erst 1972 der UPC (Universal Product Code) und 1976 der EAN (European Barcode-System) eingeführt. Der EAN-13 Code wird bis heute genutzt (vgl. Finkenzeller, 2015, S. 2).

3.2   Aufbau eines EAN Barcodes

Der Strichcode des EAN-13 besteht aus den folgenden Bestandteilen:

1-2   Land (40-43 für Deutschland)

3-7   Betriebsnummer (Unternehmensnummer)

8-12   Artikelnummer

13   Prüfziffer

(vgl. Schoblick & Schoblick, 2005, S. 177-178)

Neben dem EAN-13 gibt es weltweit noch viele andere Barcodes, sowie 2D und QR-Code (Quick Response Code). In dieser Seminararbeit beschränken wir uns auf den EAN-13 und seine Einsatzgebiete, da dieser weltweit die größte Verbreitung hat (vgl. Finkenzeller, 2015, S. 3).

3.3   Einsatzgebiete

Der EAN-13-Code wird überwiegend im Lebensmittelbereich eingesetzt. Ein Sonderfall stellt die Verwendung des EAN-13-Codes im Bereich der Bücher und Zeitschriftenkennzeichnung dar. Anstelle der ersten drei Stellen wird hier die 977 für Zeitschriften (bezeichnet als ISSN-Code) bzw. die 978 und 979 für Bücher (bezeichnet als ISBN-Code) verwendet (vgl. Schoblick & Schoblick, 2005, S. 178).

3.4   Barcodes im Bereich Logistik

3.5   Vergleich von Barcode und RFID

Der Barcode bietet weiterhin Vorteile gegenüber dem RFID-Transpondern, da das Barcode Verfahren standardisiert und weltweit akzeptiert ist. Die Lesegeräte für Barcodes sind durch Massenproduktion zu günstigen Preisen zu erwerben und die Produktionskosten für den Barcode (z.b. EAN-13, siehe Kapitel 3.2) sind sehr günstig im Vergleich zum RFID-Transponder (vgl. Finkenzeller, 2015, S. 2-4,10) (vgl. Wohlers & Breitner, 2008, S. 180-181).

Trotzdem hat der RFID-Transponder entscheidende Vorteile gegenüber dem Barcode, z.B.:

-    Automatische Pulkerfassung
-    Viele Daten können gespeichert werden
-    Auslesen aus Entfernung von bis zu 15 Metern möglich
-    Unempfindlichkeit gegen Schmutz, Nässe
-    Wiederverwendbarkeit des Transponders

Letzteres kann aber auch zu einem Nachteil werden, später wird auf dieses Thema genauer eingegangen (vgl. Finkenzeller, 2015, S. 10).

4   Einsatzmöglichkeiten von RFID

4.1   Logistik

Im Bereich der Logistik und hier vor allem im Lager ergeben sich gute Einsatzmöglichkeiten für RFID-Technologie mit hohem Nutzenpotenzial. Mit einem RFID-Gate werden, die mit RFID-Transpondern ausgestatteten, Packstücke automatisiert erfasst (Warenausgang und Wareneingang). Das RFID-Gate muss mit entsprechend dimensionierten Antennen (Reichweite), sowie dem Lese- und Schreibgerät ausgestattet sein, um alle Packstücke auf einmal zu erfassen (vgl. Wohlers & Breitner, 2008, S. 92-93).

Ein weiterer Bereich ist die Sendungsverfolgung mit Hilfe von RFID z.b. durch Lesegeräte im Boden einer Umschlaghalle kann jederzeit die genaue Position bestimmt werden, wobei die Abweichung vom erwarteten Abstellort durch ein Signal angezeigt werden kann. Dieses Verfahren ist schneller und präziser als das Verfahren mit Barcode (vgl. Seifert & Decker, 2005, S. 38-39).

4.2   Diebstahlsicherung

Vor allem in Kaufhäusern werden sogenannte 1-bit-Transponder eingesetzt. Dieser kann keine Informationen wie z.b. eine eindeutige Seriennummer speichern, sondern nur seinen Zustand oder Anwesenheit anzeigen. Ein am Produkt befestigter Transponder wird an der Kasse (nach dem Bezahlvorgang) entfernt und somit, beim Verlassen des Geschäftes nicht gelesen. Wird hingegen das Produkt mit Transponder (ohne zu bezahlen) mitgenommen, wird der Transponder am Ausgang gelesen und somit ein Alarm ausgelöst, Kaufhausdetektive können daraufhin die Verfolgung aufnehmen (vgl. Finkenzeller, 2015, S. 14).

4.3   Ausweisdokumente

Der elektronische Reisepass (E-Pass), von der EU im Februar 2005 beschlossen, enthält neben den biometrischen Merkmalen des Besitzers auch einen RFID-Chip. Auf diesem Chip werden ein elektronisches Bild und die Fingerabdrücke (beide Zeigefinger) abgespeichert, somit ist eine eindeutige Identifizierung des Passinhabers möglich (vgl. BSI, 2005, S. 72-74).

4.4   Banknotenkennzeichnung

Die EZB (Europäische Zentralbank) diskutiert seit etwa 2003 die Einführung von Geldscheinen mit integriertem RFID-Transponder. Die Nachverfolgbarkeit des Geldscheines (z.b. Supermarktkasse, Hotel, Warenhaus, Taxi etc.) wäre nicht lückenlos machbar, aber dieses Merkmal würde den Geldschein fälschungssicherer machen. Mit einem Lesegerät wäre auch mit einem Blick der Inhalt einer Geldbörse auslesbar. Aufgrund dieser Brisanz ist es bisher bei der Planung geblieben (vgl. Schoblick & Schoblick, 2005, S. 209-211).

4.5   Bezahlen mit Smartphone

In großen Regionen wie London, Peking, Seoul und Moskau wird das Bezahlen im öffentlichen Personennahverkehr (öPNV) mit dem Smartphone bereits heute angeboten. Auch die DB (Deutsche Bahn AG) ist ein größerer Anbieter im öPNV mit „Touch and Travel"-Terminals. Vorregistrierte Kunden (Registrierung via Internet) halten ihr Smartphone mit NFC (Nearfield communication) vor Fahrtantritt an das Terminal und bei Ankunft am Ziel wiederholt der Kunde den Vorgang. Durch dieses An- und Abmelden wird die Strecke sowie der Preis ermittelt und in Rechnung gestellt. Hierdurch wird für die Bahn und den Kunden das Verfahren vereinfacht – kein Bargeld, kein Ausdruck von Fahrausweisen, Reduzierung von Verkaufsstellen und Automaten, schnellere Abwicklung (vgl. Wohlers & Breitner, 2008, S. 42-45).

4.6   Tierkennzeichnung

Seit Jahrzehnten werden RFID-Transponder in der Kennzeichnung von Haus- und Nutztieren eingesetzt. Es gibt Halsband- und der Ohrmarkentransponder für die Nutztierhaltung und Glasröhrchen (13,8 mm lang) mit RFID-Transponder für die Haustierhaltung. Das Glasröhrchen wir mit einer Nadel unter die Haut des Haustieres gespritzt und verbleibt dort. Für das Haustier ist das Glasröhrchen gut verträglich und durch das geringe Gewicht von unter 1 Gramm nicht spürbar. Bei der Tierkennzeichnung wird eine 15-stellige genormte Nummer (International Standardization Organisation ISO) gespeichert, diese besteht aus dem 3-stelligen Ländercode (276 für Deutschland) und einer 12-stelligen eindeutigen Identifikationsnummer (vgl. Finkenzeller, 2015, S. 664-670).

4.7   Bekleidungswirtschaft

Von 2004 bis 2010 wurden viele Anstrengungen in der Bekleidungswirtschaft durchgeführt, trotzdem fällt auf, dass viele Anwendungen auf den innerbetrieblichen Bereich beschränkt sind und somit externe Marktpartner nicht involvieren. Eine Ausnahme dabei ist „Gerry Weber", dieser hat angekündigt ab 2011 sämtliche Artikel seiner Kollektion kostenfrei mit Funkchips auszustatten. Damit können alle beteiligten Marktpartner diese Technologie in Ihren Verkaufs- und/oder Lagerflächen nutzen. Hosenhersteller „Gardeur" sieht den größten Vorteil bei der Warenausgangserfassung in seinem Produktionsbetrieb. Die Bestanderfassung in den Lager- und Verkaufsflächen könnte durch RFID erheblich beschleunigt werden und so eine Inventur innerhalb von wenigen Minuten ermöglichen. Viele Bedenken der Kunden, dass mit den RFID-Transpondern personenbezogene Daten erfasst werden, haben bis heute die Akzeptanz im großen Stil verhindert. Diese Bedenken führen z.b. dazu, dass die RFID-Transponder an der Kasse, auf Kundenwunsch, entfernt werden. Das Kleidungsstück ohne RFID-Transponder kann jetzt, z.b. bei einer Reklamation nicht mehr eindeutig einer Charge oder Produktionsstandort zugeordnet werden. Bei vermehrten Reklamationen könnten sonst, mit RFID-Transponder, entsprechende Qualitätssicherungsmaßnahmen beim Hersteller ergriffen werden (vgl. Jacobs, 2011, S. 373-377).

5   Weitere Aspekte im Zusammenhang mit RFID

5.1   Sicherheit in RFID-Systemen

Gespeicherte Inhalte auf wiederbeschreibbaren Transpondern könnte abgeändert oder gelöscht werden. Dadurch kommt es zu fehlenden oder falschen Informationen, die zu Problemen in nachgelagerten Systemen bzw. deren Prozesse nach sich zieht. Fertigungsprozesse können dann zum kompletten Stillstand führen. Es könnte auch eine Kopie des Transponders erstellt werden, dieses ist vor allem bei Zutrittskontrollen eine große Gefahr. Mit Hilfe eines starken elektromagnetischen Feldes (z.b. Mikrowellengerät) kann der RFID Chip und die darin enthaltenen Informationen zerstört werden (vgl. Finkenzeller, 2015, S. 273-312).

Eine weitere Gefahr ist das Abhören der Kommunikation zwischen Transponder und Lesegerät. Für einen reinen Empfang von RFID Informationen, je nach Frequenzbereich, sind Reichweiten von bis zu mehreren 100 Meter möglich (vgl. Finkenzeller, 2015, S. 278):

RFID-Chips mit sensiblen Daten sollten verschlüsselt werden, damit diese Daten vor Abhören und Missbrauch geschützt sind – dies macht vor allem bei Zutrittssystemen in hohem Maße Sinn. Die Daten auf einem RFID-Chip können durch einen zufällig generierten Schlüssel verschlüsselt werden, da der Schlüssel nicht auf dem Chip gespeichert wird, kann dieser auch nicht ausgelesen werden. Im Zielsystem werden die Informationen vom RFID-Chip mit dem Schlüssel entschlüsselt und können weiterverarbeitet werden (vgl. Kummer, Einbock, & Westerheide, 2005, S. 42-44).

5.2   Rechtliche Aspekte

Hier muss vor allem zwischen personenbezogenen Daten und Produktdaten unterschieden werden. Bei personenbezogenen Daten gilt das Bundesdatenschutzgesetz (BDSG) §1 Abs.1 „Zweck des Gesetzes ist es, den Einzelnen davor zu schützen, dass er durch den Umgang mit seinen personenbezogenen Daten in seinem Persönlichkeitsrecht

beeinträchtigt wird". Wird aber jetzt im Handel bei der Bezahlung mit Kreditkarte beide Daten miteinander verknüpft ergibt sich daraus ein Konflikt. Ohne Einverständnis des Kunden ist eine solche Speicherung nach BDSG $4 Abs. 1 nicht gestattet (vgl. Holznagel & Bonnekoh, 2006, S. 21-24).

Wenn RFID-Informationen unbefugt abgehört werden, greift das Fernmeldegesetz im Zusammenhang mit dem §88 und §89 des Telekommunikationsgesetzes. Dort gibt es ein allgemeines Abhörverbot von Nachrichten, die nicht für einen selbst bestimmt sind. Des Weiteren ist, gemäß obigen Paragrafen, die Weitergabe dieser Informationen an Dritte unter Strafe gestellt (vgl. Holznagel & Bonnekoh, 2006, S. 51-56).

5.3   RFID Infrastruktur

Die Transponder und Lesegeräte sind günstig, da standardisiert und industriell gefertigt. Die Herausforderung in der IT-Infrastruktur besteht größtenteils in der Definition/Einführung der Prozesse und der Weiterverarbeitung der Information in ERP-Programmen (wie z.B. SAP). Nur bei Einhaltung der Prozesse entsteht ein signifikanter Vorteil durch Transparenz, Inventur, Erfassung etc. z.B. in der Produktion/Logistik. Abbildung 5 zeigt einen grundsätzlichen Aufbau, wie die RFID-Technology in die bestehende IT-Infrastruktur integriert werden kann. Zwei wesentliche Bausteine der Infrastruktur ist zum einen die RFID-Mittelschicht, diese steuert und regelt die Datenkommunikation mit dem RFID-Hub(s) und zum anderen die Aufbereitung der Daten für die Geschäftsanwendungen, damit die gewonnenen Informationen an das ERP- (Enterprise Resource Planning) oder CRM-Systeme (Customer Relationship Management) verarbeitet werden können   (vgl. IBM Deutschland Entwicklung GmbH, 2007, S. 143-144).

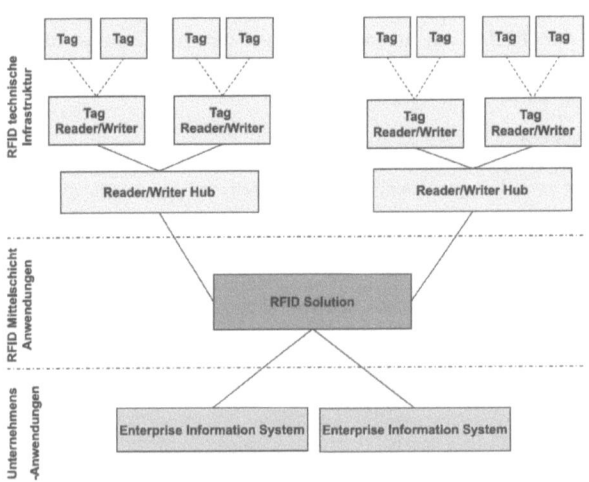

Abbildung 5: Von den RFID-Tags zur Unternehmensanwendung (IBM 2007: 143)

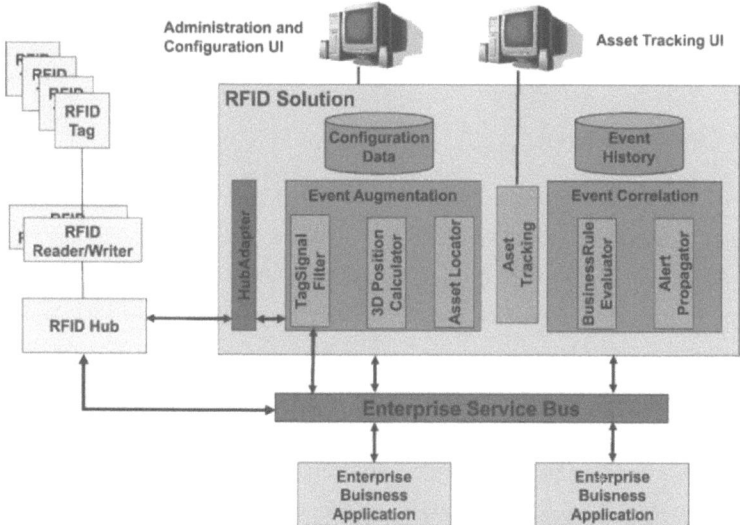

Abbildung 6: Allgemeine Architektur einer RFID-Lösung (IBM 2007: 152)

In Abbildung 6 wird eine Partitionierung der Systemkomponenten für eine unternehmensweite Einführung der RFID-Technologie dargestellt, in diesem Beispiel eine serviceorientierte Architektur (SOA). Das wesentliche Kommunikationsmedium stellt der Enterprise Service Bus (ESB) dar, der Backbone für die Anwendungs-integration (vgl. IBM Deutschland Entwicklung GmbH, 2007, S. 152-153).

6   Zusammenfassung und Ausblick

6.1   Zusammenfassung

RFID-Transponder werden überwiegend in der Logistik eingesetzt, da sich der Nutzen dieser Technik erst bei einer Ende-Ende Nutzung ergibt, ist der Einstieg schwierig und kostspielig. Prozesse die z.b. bei einer Firma in sich abgeschlossen (Herstellung bis zum Verkauf) sind, vereinfachen die Einführung und Nutzung von RFID. In der Durchsetzung der übergeordneten Prozessketten ist die Hauptschwierigkeit durchgängig die RFID-Prozesse und die damit verbundene Technik einzusetzen. Die IT-Infrastruktur, die dazu nötig ist, ist beherrschbar und mit standardisierter Technik (Sender, Lesegeräte, Datenbanken etc…) umsetzbar. Beim Endkunden existieren noch Zweifel an der Sicherheit der Technik, insbesondere was die personenbezogenen Daten angeht. Hier können mehr Aufklärung und gesetzliche Standards helfen, die Akzeptanz beim Endkunden/Anwender zu erhöhen und somit zu einer weiteren Verbreitung zu verhelfen.

6.2   Ausblick

Zukünftig wird die RFID-Technologie mehr Bereiche der Wirtschaft und im privaten Umfeld erreichen. Sie wird zu einer weiteren Industrialisierung beitragen, da sich durch diese Technik die Prozesse beschleunigen und transparenter werden. Neue Bereiche sieht man aktuell bei Car-Sharing Anbietern – dort wird eine RFID-Kundenkarte eingesetzt, hier steht die RFID-Technik in Konkurrenz zu NFC, da dabei keine zusätzliche Kundenkarte benötigt wird. Weitere Bereiche könnten im Lebensmittelbereich liegen, z.b. Kühlschränke die automatisch auslesen, welche Produkte bereits vom Haltbarkeitsdatum abgelaufen sind, bzw. nicht mehr vorhanden sind und automatisch in einer Liste zu besorgender Produkte gelistet wird. Diese Liste könnte dann auch direkt per Internet bestellt und von einem Anbieter bis nach Hause geliefert werden. Im Maschinenbau könnten wichtige Bauteile mit RFID-Transponder ausgestattet werden, damit kann dann sehr schnell und zuverlässig eine Liste aller verbauten Bauteile erstellt werden und diese mit der Stückliste abgleichen. Es bleibt spannend zu sehen, wo und wofür zukünftig diese Technologie verwendet wird.

7

Literaturverzeichnis

BSI. (2005). *www.bsi.bund.de.* Abgerufen am 21. 05 2016 von https://www.bsi.bund.de/SharedDocs/Downloads/DE/BSI/ElekAusweise/RFI D/RIKCHA_barrierefrei_pdf.pdf?__blob=publicationFile

Engelhardt-Nowitzki, C. (2006). *Chargenverfolgung.* Wiesbaden: Deutscher Universitäts-Verlag.

Finkenzeller, K. (2015). *RFID-Handbuch: Grundlagen und praktische Anwendungen von Transpondern, kontaktlosen Chipkarten und NFC* (7. Auflage Ausg.). München: Hanser Verlag.

Fölsing, A. (1997). *Heinrich Hertz - Eine Biographie.* Hamburg.

Holznagel, B., & **Bonnekoh**, M. (2006). *RFID, Rechtliche Dimensionen.* Abgerufen am 10. 05 2016 von www.info-rfid.de/downloads/rfid_rechtsgutachten.pdf

IBM Deutschland Entwicklung GmbH. (2007). *IT, Technologien - Lösungen - Innovationen.* (H. Kircher, Hrsg.) Berlin, Heidelberg: Springer.

Jacobs, S. (2011). *Das Internet der Dinge: Wie die Bekleidungswirtschaft von der RFID Technologie profitieren kann.* Wiesbaden: Gabler Verlag.

Kummer, S., **Einbock**, M., & **Westerheide**, C. (2005). *RFID in der Logistik.* Wien.

Rhensius, T., & **Deindl**, M. (2010). *Metastudie RFID, eine umfassende Analyse von Anwendungen, Nutzen und Hindernissen der RFID Implementierung.* Aachen.

Schoblick, R., & **Schoblick**, G. (2005). *RFID* (1. Auflage Ausg.). Franzis.

Seifert, W., & **Decker**, J. (2005). *RFID in der Logistik - Erfolgsfaktoren für die Praxis.* Bobbingen.

Vogt, Harald. (2002). Efficient Object Identification with Passive RFID Tags. Zürich: Friedemann Mattern; Mahmoud Naghshineh.

Wikipedia. (kein Datum). *Wikipedia.* Abgerufen am 15. 05 2016 von https://de.wikipedia.org/wiki/RFID

Wohlers, G., & **Breitner**, M. (2008). *RFID Anwendungen, Einführung, Fallbeispiele und Szenarien der Praxis.* Aachen.

Wolff, G., & **Schätzel**, J. M. (08 2010). *Der Landesbeauftragte für den Datenschutz und die Informationsfreiheit Rheinland-Pfalz.* (F. u. Ministerium für Umwelt, Herausgeber) Abgerufen am 08. 05 2016 von https://www.datenschutz.rlp.de/downloads/oh/info_RFID.pdf

BEI GRIN MACHT SICH IHR WISSEN BEZAHLT

- Wir veröffentlichen Ihre Hausarbeit,
  Bachelor- und Masterarbeit

- Ihr eigenes eBook und Buch -
  weltweit in allen wichtigen Shops

- Verdienen Sie an jedem Verkauf

Jetzt bei www.GRIN.com hochladen
und kostenlos publizieren